让孩子赢在教养

朝歌 编著

北京日报出版社

图书在版编目（CIP）数据

让孩子赢在教养 / 朝歌编著 . -- 北京：北京日报出版社, 2025.4. -- ISBN 978-7-5477-5111-4

Ⅰ. R78

中国国家版本馆 CIP 数据核字第 2025T8M822 号

让孩子赢在教养

出版发行：北京日报出版社
地　　址：北京市东城区东单三条8-16号东方广场东配楼四层
邮　　编：100005
电　　话：发行部：（010）65255876
　　　　　总编室：（010）65252135
印　　刷：德富泰（唐山）印务有限公司
经　　销：各地新华书店
版　　次：2025年4月第1版
　　　　　2025年4月第1次印刷
开　　本：710毫米×1000毫米　1/16
印　　张：5
字　　数：65千字
定　　价：49.00元

版权所有，侵权必究，未经许可，不得转载

前言

  中国，是一个拥有悠久历史和灿烂文化的国度，一直以来都有"礼仪之邦"的美誉。"礼"，就像是一颗璀璨的明珠，照亮中华文明的前行之路。从古至今，无数名儒先贤都对礼仪格外重视。儒家学派的创始人孔子曾教导我们："非礼勿视，非礼勿听，非礼勿言，非礼勿动。"

  良好得体的礼仪，就像是一把神奇的钥匙，可以帮助我们顺利打开社交的大门。一个人如果知礼、守礼、有教养，无论走到哪里，都能散发出独特的魅力，赢得他人的尊重与喜爱。

  《让孩子赢在教养》是为孩子们精心策划的一本图书，全书从餐桌礼仪、仪表规则、言行规范，孝敬长辈、尊师爱友和来而有往六个方面，生动地展现了不同社交场合的礼仪规范。每一段文字都简洁明了，深入浅出地阐述了礼仪的内涵。每一节都配有精心绘制的漫画，生动形象地展现了不同场景下的礼仪规范。孩子们可以在阅读漫画的过程中，轻松愉快地学习礼仪知识。

  本书分为两个板块：

  "书籍中有大学问"板块带领孩子们领略经典书籍中的礼仪知

识，了解古人守礼的行为典范。从《论语》中的"非礼勿视，非礼勿听，非礼勿言，非礼勿动"，到《弟子规》中的"泛爱众，而亲仁。有余力，则学文"，书籍中的智慧如同一颗颗璀璨的明珠，照亮孩子们的心灵。通过学习书籍中的礼仪，孩子们能够汲取古人的智慧，传承中华民族的传统美德。

"礼仪小课堂"板块则聚焦于现代社会，为孩子们点明在日常生活中应该如何遵守礼仪规范。从家庭到学校，从社交场合到公共空间，这个板块详细地介绍了各种场合下的礼仪要求，让孩子们避免不恰当的言行举止。

阅读并学习本书的内容，相信在不久的将来，孩子们都能成长为有教养、有礼貌，大家都喜欢的小淑女、小绅士！

目 录

第一章　餐桌礼仪

请长辈先入座 —— 长幼有序 / 01

碗筷使用有讲究 —— 物尽其用，摆放有序 / 03

做个优雅的食客 —— 让饮食散发美感 / 05

吃饭时不要交谈 —— 食不言，或少言 / 07

珍惜每一粒粮食 —— 谁知盘中餐，粒粒皆辛苦 / 09

不在公盘中翻搅 —— 搛菜莫过盘中线 / 11

第二章　仪表规则

穿衣搭配要得体 —— 找到适合自己的美丽 / 13

言谈举止要庄重 —— 一言一行展现着教养 / 15

坐姿端正教养好 —— 坐如钟可以展现出教养 / 17

站立行走有讲究 —— 做一棵挺拔的小白杨 / 19

卫生礼仪要牢记 —— 讲究个人卫生，才能有健康的身体 / 21

咳嗽喷嚏要掩面 —— 杜绝细菌的传播 / 23

第三章 言行规范

活学活用说敬语 —— 敬意要让别人知道 / 25

说脏话一点都不酷 —— 语言有自己的规律 / 27

公共场合小音量 —— 不做噪声大喇叭 / 29

不打搅左邻右舍 —— 制造矛盾不可取 / 31

有序排队不插队 —— 相互礼让，自觉排队 / 33

扔垃圾要讲文明 —— 学会垃圾分类 / 35

你会让座吗 —— 把座位留给需要的人 / 37

第四章　孝敬长辈

出入家门与人说 —— 不让家长担心 / 39

父母呼即应 —— 事事要有回应 / 41

记住父母的生日 —— 爱要表达出来 / 43

不要与父母顶嘴 —— 学会有效沟通 / 45

珍惜父母的给予 —— 爱本无关价钱 / 47

第五章　尊师爱友

尊师是美德 —— 师者，所以传道受业解惑也 / 49

上课礼仪做到位 —— 没有规矩不成方圆 / 51

不要给人起外号 —— 没有人会喜欢恶意调侃 / 53

为同学保守秘密 —— 尊重他人的隐私 / 55

上课听讲不起哄 —— 学会遵守课堂秩序 / 57

采用暴力不可取 —— 拳头并不能解决问题 / 59

第六章　来而有往

串门要提前约定 —— 遵守对方的时间安排 / 61

按时到达很重要 —— 准时是基本礼节 / 63

送礼也要很恰当 —— 用心的礼物才是心意 / 65

叩门声响有讲究 —— 让对方有反应的时间 / 67

不乱翻他人东西 —— 每个人都有自己的隐私 / 69

第一章 餐桌礼仪

请长辈先入座——长幼有序

书籍中有大学问

《弟子规》："或饮食，或坐走。长者先，幼者后。"

意思是说，无论是喝水吃饭，还是坐卧出行，都应该遵守长辈（年长者）在前，晚辈（年幼者）在后的礼节。

长幼有序，是中国的传统美德，体现在生活的方方面面，在餐桌上也应遵守。在用餐时，一般来说，长辈落座后，晚辈才能落座；长辈动了筷子，晚辈才能动筷子，否则就是不恰当的行为。尤其是在人数较多的家族聚会上，注重餐桌礼仪，是一种有家教、有礼貌、有文化气质的行为。

让孩子赢在教养

礼仪小课堂

餐桌上，有很多礼仪需要我们学习。长辈落座之后，晚辈可以依次落座。座位排序很有讲究，辈分最高的人坐在正中间，辈分次高的人分别坐在正座的左右两边（右边的位置比左边的位置更尊贵一些），然后其他晚辈依次落座，不能乱坐。在举办酒席、宴会时，长辈出于照顾小孩的想法，通常会让小孩坐在靠近自己的位置。这种时候，根据长辈的意愿为小孩安排位置即可。

夹菜时，长辈先动筷子，晚辈后动筷子。如果长辈给小辈夹菜，小辈也要懂得回馈，用公筷给各位长辈挨个儿夹菜，最后再给自己夹菜。盛饭的时候，也要先给长辈盛，再给自己盛，如果是去添饭，也要询问长辈是否需要，不能只顾着自己。

碗筷使用有讲究——物尽其用，摆放有序

书籍中有大学问

> 屠羲时《童子礼》："凡进馔于尊长，先将几案拂拭，然后双手捧食器，置于其上。器具必干洁，肴蔬必序列。"

这句话的意思是，凡是给尊长进献餐食，要先擦净桌子，然后双手捧着盛食物的器具放在桌上。器具必须干爽洁净，菜肴必须依序排列。

让孩子赢在教养

礼仪小·课堂

在我国，进餐时最常使用的餐具是筷子和汤匙。另外，盛放饭菜的容器，在家里通常会使用碗，在学校则会使用餐盘。用餐结束后，要轻轻地把碗筷放在桌子上，并且尽量保持餐桌的整洁。正确使用餐具、正确摆放餐具也是良好素质的一种表现。

以下几条在用餐过程中十分忌讳，大家要牢记：

不要把筷子插在米饭里。

不要把汤匙放在餐桌上。

不要将公筷、公用汤匙放入自己的碗中。

不要把餐具当玩具。

> 筷子不是玩具，乐乐，我们要遵守餐桌礼仪。

第一章 餐桌礼仪

做个优雅的食客——让饮食散发美感

书籍中有大学问

> 《童规》:"接饭菜,双手端。""细细嚼,慢慢咽。"

意思是,父母帮我们盛完饭菜递过来时,我们要双手接过来,捧着碗吃,而不是低头够着碗吃。要细嚼慢咽,不能狼吞虎咽。

若将碗放在桌上,低头够着碗吃,姿态未免不雅。小孩子的性格往往比较急躁,平衡性也不足,如果不双手端碗,很容易将饭粒掉在桌上,需要攥菜时,才单手端住碗,并注意保持平衡。这样不仅不会浪费食物,还不会弄脏餐桌。我们要懂得爱惜粮食。如果只把食物当作果腹之物,狼吞虎咽地吃,一方面很容易呛到自己,另一方面也无法细细品味美食。

让孩子赢在教养

礼仪小课堂

吃饭时，如何保持优雅呢？

第一，进食速度要慢，不要显得太急躁。吃饭要细嚼慢咽，等嘴里的食物咽下去之后，再吃下一口。

第二，不要发出奇怪的声响。比如，不要吧唧嘴，也不要发出啊呜啊呜的吞咽声，这样会显得粗鲁；在用汤匙盛菜、舀汤时，避免因碰撞发出脆响，这样会显得不礼貌。

第三，端端正正坐好，用双手捧着碗。不要做出奇怪的、太过引人注意的举动，这样会显得很不稳重。

第四，不要用手抹嘴，而要用干净的餐布或纸巾擦嘴。如果没有找到餐布或纸巾，可以去洗手间洗净。

优雅的根本在于得体的表现，而不同的场合有着不同的标准。如果实在拿不准，可以学习一下《红楼梦》中的林黛玉。她初入贾府时，先偷偷观察贾家三姐妹的举动，再有样学样。

第一章 餐桌礼仪

吃饭时不要交谈——食不言，或少言

书籍中有大学问

> 《论语·乡党》："食不语，寝不言。"

这句话的意思是，吃饭的时候不交谈，睡觉的时候不言语。

这里并不是说不能在餐桌上进行交流，而是指嘴里嚼着东西的时候不能说话，否则很容易使嘴里的食物残渣或口水喷溅出来。

除此之外，吃饭时也不宜一心二用，要尽量将注意力集中在食物上，慢慢咀嚼，细细品味，享受美味的食物，这样也有助于消化。

让孩子赢在教养

礼仪小课堂

很多人喜欢在吃饭时和家人、朋友聊天，但实际上，应该避免在嘴里嚼着食物的时候聊天。

试想一下，如果我们和别人聊天的时候满嘴食物，食物是不是很容易从嘴里掉出来？在吃鸡翅、带鱼等带骨、带刺的食物时，如果我们一边吃一边与别人聊天，很可能会被小骨头卡到或被鱼刺扎到。所以，嘴里有食物时说话，既不利于健康，也不符合礼仪。

有小朋友可能会好奇，如果嘴里刚好有食物，可又有特别着急的事情要说，该怎么办呢？如果嘴里的食物不多，可以先赶紧咽下去再说话。如果嘴里的食物比较多，也不用着急，可以用手稍微遮挡一下，避免食物残渣喷溅出来。

珍惜每一粒粮食
——谁知盘中餐，粒粒皆辛苦

书籍中有大学问

> 李绅《悯农》："锄禾日当午，汗滴禾下土。谁知盘中餐，粒粒皆辛苦。"

这首耳熟能详的诗作，是很多小朋友的启蒙唐诗，描写的是农民在田间挥汗如雨、辛勤劳作的情景，教导我们要珍惜农民的劳动成果。

礼仪小课堂

粮食，是人类生存的重要依托。人们珍惜粮食，是对辛勤劳作的农民伯伯、对大自然最好的尊重。

从家庭层面来说，家里的一切，包括粮食，都是父母用辛勤工作赚取的报酬买来的。他们为了给我们创造更好的生活，需要付出很多努力。"浪费是可耻的"，这句话永不过时。

从更广泛的角度来说，农民伯伯收获的每一粒粮食都汇集了他们的辛苦和汗水，尽管现在有很多高科技农具，但农民伯伯付出的辛劳是无价的，他们的劳动成果值得每个人发自内心地珍惜。

如果饭菜确实不合自己的口味，我们可以不买、不盛，但不能肆意地浪费。

不在公盘中翻搅——揲菜莫过盘中线

书籍中有大学问

《童规》:"夹饭菜,不乱翻。"

意思是说,揲菜的时候,不要随便翻搅,乱翻会显得非常没有规矩。无论是在家里吃饭,还是在外面的餐馆吃饭,都不能随意扒拉食物。

中国美食讲究色香味俱全,虽然在学校和家里吃的家常菜可能不会过于追求"色"(外观),但来回翻搅过的食物会显得凌乱,不仅会传播细菌,还会影响同桌人的食欲。因此,公众普遍会遵循不在餐桌上随意翻搅食物的餐桌礼仪。

让孩子赢在教养

礼仪小课堂

中国的餐桌上,除了学校里会有分餐制(用餐盘打饭),无论是亲友聚会,还是家庭聚餐,大多数时候是"有饭一起吃",这就能看出每个人的素质和教养。

当一盘菜被放置在桌子正中间,家庭成员围坐四周时,每个人都只吃自己面前的那部分菜,这相当于将食物公平地分配给每个人。这样做既体现了良好的教养,也确保了分配的公平性。然而,如果有人破坏这一规矩,胡乱翻菜,甚至去搛别人面前的菜,那么对方是否也可以过来搛你面前的菜呢?这显然显得混乱无序,非常不文明。更糟糕的是,如果翻菜的人恰好感冒了,这种行为还会加速病菌的传播。

从古至今,餐桌礼仪都讲究搛菜不"过河",说的就是搛菜只能搛自己面前的,不能跨越中线,更不能根据自己的喜好随意翻菜。

第二章　仪表规则

穿衣搭配要得体——找到适合自己的美丽

书籍中有大学问

> 《童规》："人爱美，须自然。不描眉，不涂唇，无戒指，无耳环。"

这句话的意思是，爱美之心人皆有之，但这份美应该是自然的、不做作的。还处在生长发育期的女孩子不应该化妆，不佩戴与年龄和身份不符的配饰。

不仅是女孩子，男孩子也同样如此，应该保持属于这个年龄段的自然之美，不穿奇装异服，不染发烫发，不为了标榜自己的独特佩戴夸张的配饰。

每个年龄段的人都有属于自己的魅力，我们在青少年时期，更应该保持"天然去雕饰"，这才是青春的魅力。

让孩子赢在教养

礼仪小课堂

在学校里，无论是男同学还是女同学，在着装、发型上都有具体的要求。一般来说，同学们都需要穿当季校服，不能为了追求个性而裁剪校服，少先队员要佩戴红领巾。女同学一般要求剪成齐耳短发，或者梳成马尾辫，不烫发、不染发，不化妆。男同学一般要求理成寸头，不染发，不佩戴配饰。也许有人会觉得学校的要求过于烦琐，实际上，这是为了保持青少年的自然美和蓬勃向上的精神面貌。

在平时不去学校的时候，虽然不需要穿校服，但是也要注意一些问题。女孩子不应穿过于暴露和过于成熟的衣服，不佩戴过于贵重的饰品；男孩子即使在炎热的夏天也不应裸露上身，同样不应佩戴过于贵重的饰品。

少年人的美丽是由内而外的，过于注重外表，只会表现出自己的浮夸。

言谈举止要庄重——一言一行展现着教养

书籍中有大学问

《童规》:"与人言,不装腔,遇欢庆,不张狂。"

这句话的意思是,在言谈举止中,不要装腔作势,遇到值得庆祝的事情,也不要过于张扬。

有的小孩子喜欢用夸张的言谈举止来吸引别人的注意,但孩子进入公共场合之后,如果大喊大叫或随意打闹,不仅会产生安全隐患,还会打扰周围的人。

即便是小孩子,也应该遵守行为规范,一言一行要能彰显出素质和教养。比如,不在公共场合喧哗,不横冲直撞,待人接物要有礼貌,等等。

让孩子赢在教养

礼仪小课堂

很多小孩子喜欢用夸张的言谈举止来吸引别人的注意，如模仿大人做出一些举动。比如，在吃年夜饭时，大人喜欢用碰杯来表达庆贺，小孩子自然会有样学样。一家人同时举杯，说上一句"新年好"，这是一幅非常温馨的画面。当小孩子第一次举杯向长辈敬茶或饮料时，大人会觉得十分可爱且有趣。然而，如果小孩子频频举杯，大人可能反而会感到不适，认为这种举动不太符合小孩子的年纪。

所以，小孩子在行为养成的过程中，需要家长进行一定程度的干预：小孩子可以适当地玩闹，可以适当地好动，但得有个度，尤其是在公共场合，太过吵闹只会让别人产生不适感。无论是言语还是行为，都要有礼有节。

坐姿端正教养好
——坐如钟可以展现出教养

书籍中有大学问

《童规》:"坐如钟,挺腰板,腿并拢,脚平放。"

这句话的意思是,小孩子在入座之后,要坐得像钟一样端庄、沉稳,要挺直腰板,双腿并拢不岔开,脚要放平。

礼仪小课堂

正确的坐姿非常重要,因为我们每天都要坐很长时间。无论是听课还是做作业,如果能保持正确的坐姿,对保持脊柱健康和培养良好的体态,都有重要作用。

正确坐姿的第一要素是挺直身体。上半身不能过于前倾,重心应落在臀部中线,不应偏移,否则会受力不均,容易导致脊柱侧弯。在写作业时,头应该和桌面保持一定的距离,这样做可以保护视力。下半身也应该放松,不要跷二郎腿。跷二郎腿不仅容易造成膝盖损伤,而且看起来显得吊儿郎当,不够庄重。

在纠正坐姿的过程中,你可能会感到有点累,这是正常现象。但一旦养成了习惯,保持正确坐姿就会变得自然而然了。

站立行走有讲究——做一棵挺拔的小白杨

书籍中有大学问

《童规》:"行如风,步履轻,头不摇,身不晃。"

行走的时候,像风一样轻快,脚步轻盈。不能摇头晃脑,也不能晃肩膀。步伐应该适中,不踮脚,保持平稳,行走姿态优雅、稳重。

礼仪小课堂

可能很多小朋友都觉得，这些要求太过严格，毕竟我们平时站立、行走，不能都按照解放军叔叔的标准来要求自己，时间久了，肯定很累。

其实，我们在放松的时候，只是不将全身的肌肉绷紧，但站立、行走的姿势基本不会发生太大变化。脊柱是人体的支柱，即使放松我们的腰杆也必须保持挺拔，身体的其他部位则可以稍微放松一些。

良好的身形是需要长时间锻炼才能形成的。可能刚开始纠正时会有些不习惯，但时间久了，肌肉会形成记忆，这些动作就会变成下意识的反应。良好的站立、行走和坐卧的姿势之所以会被他人视为有素质的表现，就是因为这些行为习惯需要经年累月地培养，更需要长时间坚持。

卫生礼仪要牢记
——讲究个人卫生，才能有健康的身体

书籍中有大学问

《童规》："鞋与袜，常洗晒，内衣裤，要勤换……入厕后，要洗手。"

鞋与袜要常洗晒，让双脚时刻保持清爽，避免异味与细菌滋生；内衣裤要勤换，有效防止病菌侵害……饭前便后也要记得洗手，去除手上沾染的病菌。

礼仪小课堂

讲卫生，是一个范畴很大的概念，涉及生活的方方面面。比如，每天漱口、洗脸，勤更换衣物（不是每天都要穿新洗的衣服，只要确保衣物整洁即可）；定期洗头、洗澡；勤剪指甲，确保手指干净；喝水前确保水杯干净；饭前便后要洗手；吃饭的时候不要乱翻菜盘；在食堂吃完饭后，将餐盘主动放到回收区；吃水果前要先洗干净；和朋友分享食物时不共用餐具。

我们每天以整洁的形象出现在同学和朋友面前，就能够给人留下清爽的印象并给人带来愉悦感。要记得，没有人会喜欢邋遢的孩子。

咳嗽喷嚏要掩面——杜绝细菌的传播

书籍中有大学问

《童规》："有痰液，不乱吐。"

意思很简单，就是不随地吐痰。

在古代，诸多日常动作被认为应"加以遮掩"，比如喝茶、漱口、打喷嚏、咳嗽等。不过，古人的衣袖比较宽大，男子通常使用宽大的衣袖进行遮掩，而女子会随身携带一块手帕。

让孩子赢在教养

礼仪小·课堂

有很多季节性的传染疾病是通过空气传播的，比如流感等。在咳嗽、打喷嚏时，我们应该注意遮住口鼻，以防止病毒通过飞沫传播。如果我们确认自己得了流感等疾病，一定要戴好口罩，切勿随地吐痰，以防止病毒扩散。

除了要注意防止传染病的传播，还有一些行为也需要遮挡，比如擤鼻涕等。这既是卫生要求，也是礼仪要求。有些动作（剔牙、挖鼻孔等）不够雅观，如果直接在众人面前暴露这些行为，会显得很不礼貌，所以在不方便或不愿意去洗手间进行处理的情况下，可以用纸巾遮挡一下，尽快处理完毕即可。这样可以减轻他人的不适感。同时，要正确地处理纸巾，避免传播病菌。

第三章 言行规范

活学活用说敬语——敬意要让别人知道

书籍中有大学问

《弟子规》："称尊长，勿呼名。对尊长，勿见能。"

意思是，晚辈称呼长辈时，不可以直接叫长辈的姓名，而应该尊重对方，使用敬语。在尊长面前，要表现得谦逊有礼，即便是自己有了成就也不可炫耀。

言重了，快请进。

初到贵宝地，特来老人家府邸拜会，叨扰了。

礼仪小课堂

我们尊重一个人，不能只藏在心里，而是要通过言谈举止表现出来。如果不表现出来，对方如何知道我们的态度呢？语言是最直接的，在用语言表达的时候，要注意使用敬语。

有些人可能会认为，这些所谓的敬语是假客套，会让原本关系亲密的人变得疏远。然而，事实上，每个人，包括小孩子，都渴望被他人尊重。

使用敬语也是有技巧的。在非常正式的场合，如寿宴、婚礼等，尤其是很多人参与时，称呼长辈一定要使用敬语。如果是在家里交谈，可以适当减少使用敬语的频率。如果年纪比较小，可能对很多敬语都不熟悉，分不清"令尊""令堂"的区别，那就简化一下，统称为"您的××"。这样既能防止误用敬语造成的尴尬，又能表达自己对长辈的尊敬。

> 我想吃那个，你帮我夹。

> 跟我说话也说"你"吗？真没礼貌。

> 现在的孩子越来越不懂礼数了。

说脏话一点都不酷——语言有自己的规律

书籍中有大学问

> 《童规》："与人语,要和气。"

这句话的意思是,在与他人交流时,要注意自己的语气,应该和和气气的,而不能恶语相向。

如今,有不少成年人在说话时习惯性地夹杂着脏话,这种行为给青少年带来了极大的负面影响。很多小孩模仿大人说脏话,他们可能并不了解这些脏话的含义,只是觉得说起来很过瘾,甚至把它们当成了口头禅。但是,这种行为是错误的。脏话是骂人的话,不管对谁说,都是对他人不尊重的表现。

礼仪小课堂

有些青少年受到社会不良风气的影响,或者为了吸引他人的目光,经常会说一些不雅的话,不但不以为耻,反而觉得自己有个性。

换个角度来看，假如把这种行为放在父亲或其他长辈身上，那么，你觉得是一个满嘴脏话的长辈值得我们尊重，还是一个文质彬彬的长辈值得我们尊重？是一个粗俗无礼的长辈值得我们尊重，还是一个温文尔雅的长辈值得我们尊重？

很多习惯都是从小养成的，很多孩子会天真地认为，长大后自然就能改掉不好的习惯。然而，我们不禁要问，为什么我们身边那些满嘴脏话的成年人却难以改掉这些坏习惯呢？

每个人都想成长为更优秀的人。放眼社会，我们不难发现，真正优秀的人不会满嘴脏话，也不会哗众取宠。因此，让我们朝着自己希望成为的那个优秀模样努力吧。

公共场合小音量——不做噪声大喇叭

书籍中有大学问

《韩诗外传》:"夫慎于言者不哗,慎于行者不伐。"

这句话的意思是,说话谨慎的人不会随意喧哗,行为谨慎的人不会自我吹嘘。

在古代,人们说话的音量是有一定标准的,既不能大声喧哗,也不能声若蚊蝇。大声喧哗被视为一种无礼的行为,而大声说话往往是因为发生了纷争或者情绪激动。反之,声若蚊蝇也是不合适的,他人容易听不清,说话者会给人留下胆小怯懦的印象。

礼仪小课堂

公共场所，是指公众经常聚集、活动和通行的公用场所。公共场所是大家共有的空间，而不是某个人的私有领地。因此，在公共场所中，需要遵守公共秩序，其中一条就是"禁止大声喧哗"。在图书馆、博物馆、电影院等场所，通常还会张贴出"禁止喧哗"的标语。

一般来说，这种标语主要针对未成年人和极个别没有素质的成年人。未成年人由于自制力较差，情绪波动较大，因此他们的声音较高，音色也较尖锐。在这种情况下，如果说话的声音过大，就很容易打扰到别人，甚至让他人无法忍受。

不在公共场合大声喧哗，既是有素质的体现，也是关爱他人的体现。

不打搅左邻右舍——制造矛盾不可取

书籍中有大学问

> 俗语："远亲不如近邻。"

这句话很容易理解：居住得很远的亲戚不如离自己很近的邻居，邻里之间能够互相帮忙。

古人十分看重邻居，不会随便制造邻里矛盾。对于小孩子，家长也会百般叮嘱，让他们与邻居和睦相处。

礼仪小课堂

如今，邻里关系变得疏远了很多，相互之间见了面，一般只停留在点头致意的层面，也不会有什么深交。在这种情况下，邻里之间的包容度降低了很多，非常容易引发矛盾。

比如，楼上发出噪声。如果只是偶尔掉落东西的声音，邻居都

能理解，但如果经常在家跑跳、拍球，发出很大的声响，邻居就很难包容了。

　　如果想要玩耍，可以去楼下的花园或广场。玩积木等玩具时，可以在家里先铺上一层地垫，进行物理隔音。晚上十点以后，要自觉地尽量避免可能产生噪声的动作，比如弹琴、调大电视声音等。

　　如果邻居向我们反映存在扰民情况，我们首先应该自省，检查自己是否有制造噪声的举动。如果有，就需要避免；如果没有，我们也要保持良好的沟通态度，或是请物业人员帮忙寻找噪声的真正来源。切勿激化矛盾。

有序排队不插队——相互礼让，自觉排队

书籍中有大学问

《荀子·儒效》："井井兮其有理也。"

这句话的意思是说，做事要井然有序，有条理。

在古代，并没有"排队"这个概念，只有"有序"这个概念，很多成语都与这个概念相关，比如"井然有序""井井有条""鱼贯而入""秩序井然"等。

公共场合需遵守有序排队的基本规则，不随意插队是一个人的基本素养。有序排队不插队，要求我们自觉地站在队伍末尾，依次缓缓前移，不因自身的焦急而破坏队伍的整齐，不强行插队。

礼仪小课堂

一般来说，无论是在医院排队缴费，还是在游乐场所玩耍，都以先来后到为标准。为什么

让孩子赢在教养

有些小孩子不愿意排队呢？

　　小孩子通常缺少耐心，他们很难做到长时间等待，几分钟还能坚持，但时间一长就很容易发脾气、吵闹，所以其他成年人往往会同意让小孩子优先。但青少年必须认识到，这种"优先"并不是必须的，不能把别人的好意当作理所应当，更不能主动要求别人给自己优待。

　　在排队的过程中，不能因为等待时间长而乱发脾气、大声喊叫，也不能来回跑动。如果觉得无聊，可以做一些转移注意力的事情，比如看看远处的风景、听听音乐，都可以打发时间。

扔垃圾要讲文明——学会垃圾分类

书籍中有大学问

> 《童规》："果皮壳，不乱扔。"

这句话的意思是，不要乱扔果皮壳。

在古代，虽然没有要求垃圾分类，但是对于打扫卫生是有要求的。比如，王安石所作《书湖阴先生壁二首·其一》中有"茅檐长扫净无苔"的诗句，另外还有很多相关的成语，如"一尘不染""窗明几净"等。

古人对于垃圾的处理是比较随意的，因为古代的垃圾种类比较少，而且那时的人没有环保的概念，只有废物利用的想法。现今，按规定进行垃圾分类是一件需要认真对待的事，因为要保护我们赖以生存的环境。

礼仪小课堂

随着现代科学技术不断发展和人民素质的不断提高，人们的环保意识越来越强。垃圾分类做起来也许有些麻烦，但这么做，是人类对地球的生态环境负责任的表现。

地球不仅是人类的家园，也是动植物的家园。有很多动植物因生存环境恶化，彻底从地球上消失了。所以，人类需要行动起来。垃圾分类最直接的作用就是让各类垃圾得到最好的处理。对环境影响很大的有害垃圾要集中销毁；能够做成肥料的厨余垃圾可以进入加工厂；可回收物可以变废为宝，减少浪费；而其他垃圾也需要通过专业化处置流程，最大限度降低环境负荷。

虽然我们做垃圾分类麻烦了一点，但对于大自然的好处是很大的，所以要坚持下去。

你会让座吗——把座位留给需要的人

书籍中有大学问

> 张霸《贤者之孝二百四十首》:"幼也知孝让,居然合礼仪。"

这句话的意思是,小孩子也要懂得孝敬、谦让,这是合乎礼仪的。

在古代,虽然没有乘车时要给老弱病残者让座的规则,但谦让是人与人交往中非常重要的礼仪。如流传于世的《孔融让梨》的故事,讲的就是年龄小的孔融将大梨让给年长的哥哥,自己选择了一个小梨的故事。现在的我们也应该学习孔融谦让的精神,在乘坐公交、地铁时把座位留给真正有需要的人。

礼仪小课堂

公交、地铁上都设有老弱病残孕专座、轮椅摆放区，主要是为了关照那些需要特别照顾的人群。如果公交车上乘客不多，孩子可以单独占据一个座位；如果乘客较多，可以由家长抱着孩子。当孩子再长大一点，自己可以站稳扶好时，遇到需要帮助的人，应主动把座位让给更需要的人。

残障人士、老年人等特殊群体出行的确有困难，需要我们的帮助和主动礼让。我们只是多站了一会儿，却保障了他们的出行安全。这也体现了一种社会的人文关怀。

谦让是一种美德，我们只有将这种美德传承下去，社会才能变得更加和谐。

第四章　孝敬长辈

出入家门与人说——不让家长担心

书籍中有大学问

《弟子规》："出必告，反必面。居有常，业无变。"

意思是说，出门时要告诉父母自己的去向，返家后要当面向父母报平安。起居作息，要有规律；长大后，要有固定的住所和专注的事业。

> 母亲，我要和村口的李少郎一起去后山放风筝，一个时辰之后回来。

> 你路上慢点，饿了就回来。

礼仪小课堂

现在儿童出门一般会由家长带领，直到心智成熟，有自我保护能力之后，家长才逐渐放手让孩子自己出门。独自出门之前，我们一定要告知父母，并且要明确几个要素：首先是目的地，比如去图书馆、公园；其次是去多久，可以预估一个时间，比如两个小时；再次，是和谁去，是同班同学，还是同社区的小伙伴；最后是其他事项，如果出去的时间比较久，是否要在外面用餐；等等。

如果外出时间比较久、目的地比较远，事先一定要和家长沟通，不能临行前再知会家长。

父母呼即应——事事要有回应

书籍中有大学问

《童规》:"父母唤,要应答。"

当父母呼唤我们的名字时,应立即回应,以示对父母的尊重。

在古代,大家习惯日出而作、日落而息的生活。早上起来,父亲早早出门谋生,母亲在家里操持家务。孩子要么在家里帮忙做活计,要么是去学堂读书,家庭成员各司其职。父母呼喊孩子的名字,一定是有事情要叮嘱,或是要交代孩子去做什么。所以,父母每一次呼唤都代表有事要说、有事要做,孩子应该及时回应。

让孩子赢在教养

礼仪小·课堂

"父母呼,应勿缓",面对父母的呼唤,我们应立即停下手中之事,以积极且尊重的态度回应。起身站立,眼神专注地望向父母所在方向,用温和而礼貌的语气应答,不可拖沓或敷衍。

在聆听父母讲话时,微微欠身,保持专注的神情,不时点头表示理解与认同,切不可心不在焉、左顾右盼或随意打断。

若父母有所指示或要求,我们应当尽力而为,并在行动过程中及时反馈进展,以示对父母的敬重。

在日常交流中,我们要通过这些细致入微的举动,充分彰显家庭礼仪的规范与内涵,传承良好的家教家风。

记住父母的生日——爱要表达出来

书籍中有大学问

> 《孟子·万章章句上》："孝子之至，莫大乎尊亲。"

这句话的意思是说，对父母最大的孝顺是尊重父母。

中国古代非常注重孝道，这是一种尊重和关心父母的美德。古人认为，孝顺父母是有家庭责任感的表现，同时社会也提倡这种优良品格。

孝顺父母的宗旨是要尊重父母、体恤父母，那么，如何将孝顺体现在实处呢？对于小孩子来说，记住父母的生日比较简单，也容易做到。让我们在父母生日当天送上祝福，以此来表达对他们的爱意和尊敬吧。

让孩子赢在教养

礼仪小课堂

生日，是每个人一年一度的"节日"，每个人都渴望在这一天得到别人的祝福，父母也是如此。

作为子女，在平时已经得到了父母太多的关爱和包容，在父亲或母亲生日这一天，我们也应该表达一下自己的关爱和孝心，给父母以爱的回报。

可能有的小朋友会说，过生日要送礼物啊，自己没有钱，怎么给父母买礼物呢？其实，父母对于收到什么礼物并不在意，只要我们有这份心，他们就会很开心了。等自己长大赚钱了，再给父母物质方面的回馈也不迟。

> 老爸，这是我为您亲手做的手机壳，祝您生日快乐！

不要与父母顶嘴——学会有效沟通

书籍中有大学问

> 《童规》:"心里话,告父母,有过错,不隐瞒。父母言,要恭听。"

这句话很好理解:自己内心的想法,要及时告诉父母,做到有效沟通;有了过错,对父母也不要隐瞒。面对父母的教育,要恭敬地聆听。

人与人之间发生争执,有时是因为没有进行有效沟通,朋友之间是这样,亲人之间同样是这样。不能期望别人完全了解我们,我们要将自己心中所想告诉对方,及时沟通,才能避免矛盾。

让孩子赢在教养

礼仪小课堂

孩子长大了，有了自己的想法后，父母和子女之间的交流方式一般会分为两种：一种是一个吵一个闹，谁也不理解谁，谁也说服不了谁；另一种是父母虽然会说教，但孩子有自己的想法并愿意为之付出努力，父母听后觉得孩子长大了，很欣慰。

相信所有孩子都愿意选择第二种交流方式，愿意和父母进行有效的沟通。

其实，我们如果想改变和父母沟通的方式，也并不困难，只要抓住几个重点：首先，不要把交流当成发泄。交流的目的是表达心中所想，让父母理解自己，发泄只能抒发负面情绪，换不来父母的理解。其次，抓住具体的事情跟父母说清楚。很多孩子总是说妈妈不关心他们，妈妈自然会觉得"我很关心你啊"，如果换成具体的事情，比如，"妈妈，我上周过生日，您都没有对我说'生日快乐'"，妈妈自然就会明白自己不妥当的做法。最后，用行动证明自己长大了。也就是说，你有了某个想法，不仅要付诸实践，还要取得一定的成效，这样父母才能放心。

珍惜父母的给予——爱本无关价钱

书籍中有大学问

> 孟郊《游子吟》:"慈母手中线,游子身上衣。临行密密缝,意恐迟迟归。谁言寸草心,报得三春晖。"

这是唐代诗人孟郊非常著名的诗作,三十个字生动展现了一位母亲的慈爱之心:儿子即将远行,母亲连夜为远行的儿子赶制衣服。她一边在衣服上留下密密的针脚,一边担心儿子此次出门迟迟不能回家,归期太晚。

在古代,很多东西都需要自己制作,大多数母亲既会缝制衣服,又会纳鞋底,即便这些东西没有那么贵重,孩子也会当作珍宝一样好好收藏,因为他们心里都清楚,这些物品里藏着母亲深切的关爱。

如今进入了市场经济时代,很多人都会用金钱来评估一件物品的价值,但无论在何时,父母给予的爱都是无价的。

礼仪小课堂

父母对我们的爱是无私的，无论送给孩子什么礼物，无论付出多少辛劳，他们都不要求我们回赠或回报。

可是，在学校里，有时同学之间会互相攀比，好像谁收到的礼物更贵重，谁就高人一等。如何改变这种错误的认识呢？父母在选择礼物时，首先关注的是孩子是否需要。至于价格的高低，主要是看能否负担得起。在父母心中，孩子的需求是第一位的，这也体现了他们对孩子的爱。作为子女，我们应该感激父母的关爱。要知道，爱本身是无价的，而所买物品的价格高低只是家庭经济条件的一种体现，并不能决定爱的深浅。

弄清了这一点，我们就能跳出思维误区了。

第五章　尊师爱友

尊师是美德——师者，所以传道受业解惑也

书籍中有大学问

> 韩愈《师说》："古之学者必有师。师者，所以传道受业解惑也。"

古代求学的人一定有老师。老师，是传授道理、教授学业、答疑解惑的人。学生应该尊重老师，虚心向老师求教。

古人十分讲究尊师重道，有"一日为师，终身为父"的说法。古人将老师和父亲放在同一高度，足以证明老师的重要性。像孔子这种广收学生的教育者，更是有"圣人"之名。

现如今，我们也应该把尊师重道的优良传统传承下去。

让孩子赢在教养

礼仪小课堂

在孩子成长的过程中,老师是指路的明灯。无论是学校教育,还是家庭教育,都应该向孩子传递"尊师重道"的观念。

第一,尊重老师,就是尊重知识,因为老师是传授知识的人,是我们成长道路上的启蒙者。

第二,尊重老师,有助于我们找到人生的方向。老师会给我们讲述很多做人的道理,让我们摆脱稚嫩,用更成熟的眼光和思维去看待世界。

第三,尊重老师,能促使我们变成更优秀的自己。每个人都会犯错误,尤其是在少年时期。通过老师的教育、指正,我们能够养成好习惯,树立正确的价值观。

还有一些像张桂梅校长那样的山区教师,他们用自己的双手托起无数贫困学生的求学之梦。我们的老师也许并不像张桂梅一样为公众所熟知,但同样具有奉献精神,值得我们尊重。

第五章 尊师爱友

上课礼仪做到位——没有规矩不成方圆

书籍中有大学问

> 白居易《立制度》："仁圣之本，在乎制度而已。"

意思是，尽管人本性善良，但为了维护社会秩序和公正，还需要制定各种法律和规章制度。

在古代，很多事情都有规矩，这种规矩有落实在文字上的法典，也有口口相传、约定俗成的规矩，这种规矩涵盖生活的方方面面。在学堂里也同样如此，如果学生犯了错误，老师有资格训诫学生，家长不可以插手。而学生必须遵守学堂里的各种规矩，如同现在的校规、校训一样。

让孩子赢在教养

礼仪小课堂

在课堂上，最常见的场景便是老师在讲台上讲课，学生在座位上认真听讲、记笔记；老师在讲台上提问，学生在座位上举手发言。一天天、一堂堂，时光就这样匆匆而过。

课程有时难免会让人感到枯燥，于是有些同学会在老师讲课时不自觉地开小差，甚至会吃零食、看课外书、睡觉，这些行为都是不对的。同学们可能觉得老师看不见自己的小动作，实际上，同学们在做什么，老师站在讲台上看得一清二楚。只是对于一些小错误，老师选择了包容，或者为了维护同学的自尊，选择私下提醒。

老师并不愿意看到同学扰乱课堂秩序。比如，有的同学不仅睡觉还打呼噜；有的同学交头接耳，结果声音很大，覆盖了老师的讲课声……这些行为直接影响了老师讲课的质量和其他同学的学习状态，犯错的同学自然就会被严厉斥责。

上课认真听讲，不做小动作，既是对我的尊重，也能帮助你快速进入学习状态。

原来是这样，以后我一定认真听讲。

不要给人起外号——没有人会喜欢恶意调侃

书籍中有大学问

《弟子规》："凡是人，皆须爱。天同覆，地同载。"

这句话的意思是，人与人之间相处，应该相亲相爱；我们生活在同一片蓝天下，被同一片土地承载。

在古代，朋友之间相互称对方的字、号，以示亲近。字、号不等同于外号，更类似现代的昵称、笔名。而外号往往带有一定的贬义，具有调侃意味，会给人带来不好的感受。既然是同学、朋友，就应该以对方的感受为重，表现出尊重、友爱，毕竟没有人会喜欢被别人恶意调侃。

让孩子赢在教养

礼仪小课堂

同学之间的关系应该是平等、友爱的，这有利于同学之间和平共处、良性竞争。但有些同学喜欢在班里拉帮结派，搞小团体，这是不对的。

同学之间要互帮互助，比如你数学好，我英语好，那我们就可以彼此学习，我给你讲英语语法，你给我讲数学习题。久而久之，不仅同学之间的关系拉近了，还能够提高成绩。

表达友爱也要注意维护同学的自尊心。比如，班里有的同学家庭条件不好，我们想帮助他，但前提是他愿意接受同学们的好意。我们要平等待人，而不是高高在上地施舍别人。

如果有同学遇到困难，我们应该及时伸出援手，而不应计较和他们关系的好坏。这样一来，同学之间的关系就会变得和谐，很多问题都能迎刃而解。

第五章　尊师爱友

为同学保守秘密——尊重他人的隐私

书籍中有大学问

> 《易经》："子曰：'乱之所生也，则言语以为阶。君不密则失臣，臣不密则失身，几事不密则害成。是以君子慎密而不出也。'"

危险与动乱的产生，往往是言语不守机密引起的。如果国君不保守机密就会失去大臣的拥护，臣子不保守机密就可能招致杀身之祸，重要的事不守机密就会造成危害。所以君子应谨慎地保守机密而不泄露。

在古代，人们将保守秘密当作一种信用，如果违背了承诺，就必须付出代价。

在现代社会，泄露别人的秘密，那么别人将不会再信任你。因此，我们应牢记，不要随便透露他人的秘密，尤其是别人郑重交代过的秘密。

上次看到××和你说话，他和你说什么了？

那是我和他之间的事情。我不能告诉你。

让孩子赢在教养

礼仪小课堂

朋友把自己的秘密告诉你,是信任你的表现,无论这个事情是大是小,只要你承诺帮他保守秘密,就不能把这个秘密说出去。

这份承诺是一种无声却有力的尊重表达,它体现的不仅仅是简单的言语保证,更是对同学人格尊严的高度尊重。这样的尊重能让朋友深切感受到自己被重视、被呵护,你们之间的情谊也会越来越深厚。因此,无论是在课间与其他同学的嬉闹中,还是在日常的交流探讨中,我们都要时刻注意,决不能将秘密当作闲聊的谈资,一定要守口如瓶。

帮朋友保守秘密,是讲诚信的表现。诚信是立身之本、事业之基。既然答应了朋友,就要做到守口如瓶,这也是对朋友最大的尊重和爱护。

第五章　尊师爱友

上课听讲不起哄——学会遵守课堂秩序

书籍中有大学问

> 《孟子·离娄章句上》："不以规矩，不能成方圆。"

意思是说，木工不凭借圆规和曲尺，就画不好圆形和方形。比喻做事必须遵照规则，符合标准，否则无法成功。

让孩子赢在教养

礼仪小课堂

对于学生而言，课堂应该是安静和严肃的，因为这里是求学的重要场合。除了你，在课堂还有很多同学，他们都在用心地听讲。如果你捣乱，打断老师的讲课思路，不仅会影响老师，还会耽误其他同学的时间。

在自习课上，其他同学都在安静地做习题，如果你制造噪声，显然是不合适的。这就像在许多标有"保持安静"的场所内，发出噪声会引发别人的不满一样。如果持续发出噪声，别人有权利要求你保持安静或离开该场所。

学生的第一要务是努力学习，在最好的年华里充分利用时间学习，掌握更多的知识和技能是我们的任务和目标。有了目标之后，自然就知道什么能做，什么不能做了。

第五章 尊师爱友

采用暴力不可取——拳头并不能解决问题

书籍中有大学问

> 李白《赠新平少年》:"韩信在淮阴,少年相欺凌。屈体若无骨,壮心有所凭。一遭龙颜君,啸咤从此兴。千金答漂母,万古共嗟称。"

这首诗意思是,当年韩信还没有参加起义军时,由于贫穷,他总是被那些无赖少年欺负凌辱。他委曲求全,看似没有骨气,其实胸怀雄心壮志,不屑于与他们争斗。后来,他因为跟随刘邦而当了大将军,成为叱咤风云的杰出人物。他给帮助过自己的漂母很多银两,并且从未找当年欺负过自己的人麻烦,因此获得了美名。

让孩子赢在教养

礼仪小课堂

对我们而言，暴力并不能从根本上解决问题。很多事情原本很小，但因为双方不冷静，选择用拳头解决，最终矛盾反而被激化了。情节轻微的，施暴者被学校处分；情节严重的，给别人造成了身体上的伤害，酿成了悲剧，那就真的是无法挽回了。

有人曾说，很多时候，暴力是无能者才会选择的解决方式，而聪明的人会选择更好的方式去解决问题。比如，针对矛盾彼此进行坦诚沟通。两个人之间矛盾被激化，一定是有原因的，但不管是面子问题，还是竞争问题，都可以坐下来好好说。

再者，自己无法解决矛盾，还可以找第三方帮忙调解，比如老师、班长，甚至是双方家长，大家都可以坐下来好好沟通。

我们需要记住一点，暴力不解决任何问题，只会激化矛盾，让原本的一件小事变成无法挽回的大事。

第六章　来而有往

串门要提前约定——遵守对方的时间安排

书籍中有大学问

《童规》:"人未请,莫自闯。"

这句话的意思是,没有收到别人的邀请,不要随随便便上门。

在古代,人们的沟通效率非常低,如果要去拜访别人,常常需要通过书信的方式进行约定。比如,一位文人到达一个地方,听说那里有一个很有才华的人,想去拜访,但不能直接去,而是要先下拜帖,也就是表达"我想去你家做客"的信,让书童给对方家里送去。对方看到后,会写一封回帖,写明某年某月某日,请对方来家里做客。这时,文人才能前去拜访。

让孩子赢在教养

礼仪小·课堂

家是每个人最有安全感的地方，也相对隐秘，所以想要去对方家中做客，要事先征求对方的同意，若对方表示方便接待方可前去。如果是去同学家，也应该让同学征求他们父母的同意。

一般来说，关系特别亲近的人（爷爷奶奶、外公外婆等），在去他们家里之前不用特别客套，打个电话说"爷爷我想您了，我去家里看您"就可以了，爷爷奶奶会非常欢迎你的到来；关系稍微疏远一点的（叔叔、姑姑、小姨、舅舅等），去之前可以让父母帮忙打电话沟通具体时间，确认对方是否有空接待你。距离稍微近一点的朋友或同学，可以自己打电话询问对方是否方便，再决定是否前往；距离稍微远一点的朋友或同学，不宜直接登门，最好约在中间地点会面，然后由其带你回家，以防迷路。

按时到达很重要——准时是基本礼节

书籍中有大学问

> 《战国策·魏一》："吾与虞人期猎，虽乐，岂可不一会期哉！"

魏文侯和虞人（掌管山泽的官）约定一起去打猎。这一天，魏文侯正与侍从们饮酒作乐，兴头正浓时，天空突然下起了大雨。然而，魏文侯却准备出行。身边的人见状，便问道："今天酒喝得高兴，天又下雨，您准备到哪里去呢？"魏文侯说："我和虞人约定了打猎的日期，虽然喝得高兴，但已经和别人约好了，怎么能不按时赴约呢！"于是他动身前往，亲自告诉虞人因雨不能打猎的事。

在古代，人们是非常重视约定的，尤其是这种见面的约定，无论发生了什么，重信之人都会赴约。

现代，尽管通信设备越来越发达，沟通也越来越方便，但守时仍然被视为一项最基本的礼仪。如果确实因事耽误时间，务必及时告知对方。

让孩子赢在教养

礼仪小·课堂

和别人约定去往某地，不管是去对方家里拜会，还是一起出门游玩，在约定前我们都需要明确几个要素。

首先是时间问题。如果觉得约定时间过早，一定要在商量的时候就提出来，不要定好之后再反复改。如果担心路上堵车，可以提前一刻钟出门，如果到了，可以原地等待。宁可早到也不能迟到。

其次是地点问题。一定要说清楚在哪里，哪个门，那里有什么标志性的特征。比如去图书馆，不能光说"门口见"，那里范围太大了，人又多，很有可能看不到对方。可以说，在图书馆门口的雕像处见面。有时候，两个人明明都是准时到达的，但因为地点没有说明白，各自白等了很久，都以为对方迟到了。

最后需要确定带什么。如果是两个人一起出门游玩，可以询问对方有没有什么东西需要你帮忙带。

问清楚以上这些问题，就可以放心约朋友一起出门了。

第六章 来而有往

送礼也要很恰当——用心的礼物才是心意

书籍中有大学问

> 蔡伸《临江仙》:"寄言俗客莫相嘲。物轻人意重,千里赠鹅毛。"

蔡伸寄语世俗之人,不要相互嘲笑。礼物虽轻,但人的情意却很深厚。千里送一根鹅毛也有深意。

在古代,送礼是很有讲究的。文人墨客之间,赠送的往往不是有形之物,而是诗作。比如,刘禹锡给白居易赠诗:"今日听君歌一曲,暂凭杯酒长精神。"李白给汪伦赠诗:"桃花潭水深千尺,不及汪伦送我情。"这些诗作本身就是礼物。

到了现代,送礼的讲究就更多了,也需要了解一番。

礼仪小·课堂

礼物的最大价值不在于它的价格,而在于它所寄托的情感。当

让孩子赢在教养

朋友或同学选择一件特定的物品作为礼物送给你时，这个礼物就有了特殊的意义。

朋友送给我们的礼物，可能并不是很贵重，甚至可能不符合我们的实际需求，但它代表了朋友间的情谊和关爱。因此，当我们收到礼物时，应该以感激和开心的态度接受。收到礼物后，也要在合适的时间给对方回礼。这就叫礼尚往来。

给对方选择礼物，同样是论情不论价值。我们把对方放在心上，并不需要通过礼物价格的高低展示出来。在平常交往时，我们要通过点滴细节让对方感受到自己的真心实意。礼物只是情感的体现，而不是绑架情感的工具。记住这一点就好。

第六章 来而有往

叩门声响有讲究——让对方有反应的时间

书籍中有大学问

> 《童规》："访亲友，轻敲门。"

意思是，我们拜访亲友时，敲门声一定要轻。

白居易的《纳粟》中有一句"有吏夜叩门，高声催纳粟"，这就是敲门的反面例子。官吏催粮并不在意时间和方式，所以才会在夜里敲门，边敲边大声喊。这是极度无礼的行为。

让孩子赢在教养

礼仪小课堂

不管是敲门，还是按门铃，都有一些门道。特别急切、连续的敲门声，容易让人认为有重大紧急的事情发生，会引起屋主人的紧张和不安，所以到朋友家拜访敲门时，千万不要重重地连续敲很多下，这很不礼貌。

在敲门前应该先观察一下，看看是否有门铃，如果有就按门铃，没有再敲门。如果对方安装了门铃，我们不加注意就直接敲门，对方很有可能会以为是别人家的敲门声。

除此之外，不能用脚踢门。用脚踢门是一种非常失礼的行为。如果我们的双手都拎着东西，可以把东西先放在地上再敲门，决不能图一时省事，用脚踢门。

不乱翻他人东西——每个人都有自己的隐私

书籍中有大学问

孔子："己所不欲，勿施于人。"

意思是说，自己不想要的或不愿意做的，就不要强加给别人。每个人都有自己的隐私和不愿拿出来与别人分享的物品。你希望别人尊重你的隐私，那么你同样也要尊重别人的隐私。

在古代，人们去别人家里做客，一般都只会停留在客厅，而不会随便进入卧室，就连书房，也必须由主人带着才能进入。如果主人不允许，客人是不能随便进去的，就更不用说随便翻别人的东西或者坐在主人的床上了。

让孩子赢在教养

礼仪小课堂

两个人再亲密、再友好，也不能无话不谈，相互之间要保持一定的距离，不要让自己越界。这不仅是保护自己的方式，也是呵护这段友谊的秘籍。

我们可以换位思考一下，如果你有一个秘密，隐瞒了所有人，你只把这个秘密写进了日记里。结果，这个秘密被好朋友翻出来了，他没有征得你的同意就偷看了你的日记，知道了你内心不愿公开的想法。你能接受吗？还会把他当成好朋友吗？会不会觉得被冒犯了？

想想看，如果这件事发生在自己身上，是不是能够接受，有没有觉得被冒犯。如果不能接受，觉得自己被冒犯了，那这件事情就是错误的。

你怎么能随便翻我的书包呢？

我……

在中国古代，男子满二十岁时会举行冠礼。

开笔礼是学童入学前举行的一种仪式，标志着从此开始识字习礼。

在中国古代，宾主相见时会相互行揖礼。

在中国古代，女子十五岁时会举行及笄礼。